もうこわ
実地指導対応虎の巻

実地指導対策研究会・編著

実地指導は、必要以上にビクビクする必要はありません。本書を読んで、実地指導を怖がらないケアマネジャーを目ざしましょう！

実地指導に詳しい
ケアコ先生

私も、初めは実地指導を怖がっていましたが、実地指導の担当者と接してイメージが変わりました。次のページから、これだけは押さえたいポイントを説明します。

これだけ
押さえましょう！

ひかりのくに

【注意】本書は、介護支援専門員が実地指導に対応するためのヒントを書いたものです。
各地方自治体保険者の条例と指示に従うことを第一に考えてください。
なお、事業者・管理者の責務には触れていません。

これだけ押さえましょう！

①実地指導の実際って？

読者のみなさん、はじめまして！　私は、実地指導について研究しているケアコと申します。モチロン、実地指導を受けた経験もあります。

今回は、読者代表の２人といっしょに、実地指導対策の秘策を披露していきます。
最後まで、お付き合いくださいね！

実地指導に詳しい
ケアコ先生

読者のみなさんの気持ちを代弁していきます。よろしくお願いしまーす！

実地指導を怖がる
新人介護者

ケアコ先生、実地指導が怖いです！

新人時代は、どんなに熱心な人でも仕事に追われるものです！

そんな中、実地指導の対策も意識しておかねばならないのです。タイヘン！

しかし、実地指導担当者は私たちをいじめたくてやってくるわけではありません。

実地指導担当者は、介護をよくするためにやってきます。私たちと目ざすところは同じなのです！

実地指導が怖くなくなる知識やノウハウを本書で網羅していきます！

その前に！ ケアマネジャーの実地指導への不安とは？ ⇨

②みんな実地指導が不安…

それでも、やっぱり実地指導は不安です……

当然です。下を見てください。実地指導の不安は
さまざまありますね

記録をしっかり書く時間がない！
今はバタバタしている時期なのに通知がきた
終了した人まで見なくちゃいけない⁉
医師とうまく連携できていない
何を基準に見られるの？
記録の書き方はこれでいいの？
あなたの悩みはありましたか？

みんな、実地指導に不安を持っているんですね。ケアマネジャーが抱える業務遂行上の悩みトップ３は、下のとおりです。

不安なのはあなただけじゃない！

１位は「記録に手間がかかる」

介護の忙しさはみんな同じ。この中で、みんなが同じように実地指導への不安を持っています。

１位「記録に手間がかかる」……63.3%
２位「困難ケースに手間が取られる」……50.7%
３位「制度が頻回に変わり、
対応に時間と労力がかかる」……22.4%

居宅介護支援事業所及び介護支援専門員業務の実態に関する調査
23年度老人保健事業推進費補助金（老人保健健康増進等事業分）による研究報告書

では、実地指導ではどんな点が問題になるのでしょうか？ ⇨

③実地指導でここに注意！

実地指導では、どんなところが指摘されますか？

実地指導では下のような内容が主なポイントになります

書類は概ねそろってきたが、依然、不備もある
記載項目の不十分さが目だつ
ケアマネジメントプロセスが前後している
運営基準や加算要件の理解が不十分！
情報の不整合（アセスメント・CP・サービス担当者会議・モニタリング・利用票・提供票）

左ページのような内容が重なり、悪質だと判断された場合には、重くて指定取消などの処分がなされる場合も！

絶対避けたい「指定取り消し」

指定取り消しは増加傾向

指定取消等施設・事業所（合計）：960 事業所

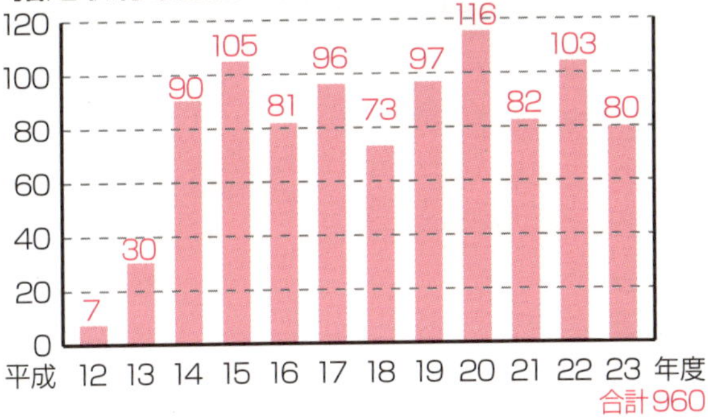

120
100
80
60
40
20
0
平成 12 13 14 15 16 17 18 19 20 21 22 23 年度
7
30
90
105
81
96
73
97
116
82
103
80
合計960

指定取消処分のあった介護保険施設・事業所内訳（年度別件数）

それでは、これらの問題を克服するためにケアマネジャーがやるべきこととは!?

④これだけ押さえれば、

本書では、下の大きなポイントを含め、「実地指導を怖がらずに済む内容」を網羅しています。勉強していきましょう！

まずこれだけは！

実地指導に向けて押さえて

行政などの
集団指導に出席！

自己点検シートを
確認！

書類整備や算定に
関する保険者ルールを
日ごろから収集する！
（保険者研修、
事業所連絡会　など）

もう怖くない！

わかりました！
まずは下の
6つ
をしっかり押さえます！

おくべきポイント！

各種加算・減算適用
要件一覧を確認！

身体拘束に関すること、
施設では
在宅復帰に関すること

『指定基準』と『条例』
を読み込む！

ほかにも押さえておくべき内容を
盛りだくさん掲載しています！

見られるポイントは3つ

実地指導を行なうために必要となる、890ページもある『介護保険施設等実地指導マニュアル』（78・79ページ参照）がありますが、あまりに膨大な量のため、読むどころか印刷をすることさえ難しいと思われます。

しかし、単純化すると、実地指導で見られるポイントはたった３つに絞ることできます。これらを意識しながら、本書を読んでください。

1・運営基準、条例を守る（特にケアマネジメントプロセス）

2・加算と減算は適切か

3・高齢者虐待防止法に抵触していないか

ケアマネジメントは、アセスメント→課題分析→ケアプラン原案作成→サービス担当者会議→プラン確定→交付→サービス提供→モニタリング→再アセスメント、といったプロセスの順番どおりに実行し、記録します。運営基準第13条6～15では、このプロセス（＝ケアマネジメントプロセス）を遵守するよう、規定されています。（本書P.58～65参照）

介護保険サービスには、受けるサービスごとに「単位」が設けられており、サービスレベルごとに「加算」「減算」がなされることがあります。適切に「加算要求」「減算請求」がなされていないと、「返還」の恐れが生じます。（本書P.26・27／76・77参照）

『高齢者虐待の防止、高齢者の養護者に対する支援等に関する法律』が正式名称。特に高齢者虐待などを防止するのが目的。このほか、身体拘束などについても、別途、定められています。（本書P.44・45参照）

目　次

第1章

知っていますか？
実地指導

＊「指導」は２段階＊

●まず集団指導

平成18年に施行された現在の実地指導の方法では、まず「集団指導」が行なわれます。そして、法改正・報酬改訂の後には、説明会があります。また、明確に集団指導を位置付けることもあります。もれなく参加しましょう。

●第２段階が実地指導

集団指導が実施された後、実地指導が行なわれます。行政は何らかの「指導」をしなければならない、という使命感を持ってやって来ます。しかし、実地指導が怖いのは

①返還になること

②監査に切り替わって（28･29ページ参照）、処分されること

です。どうすればよいのか、これから見ていきましょう。

教えて！
ケアコ先生

質が高い事業所とは？

実地指導に詳しい
ケアコ先生

？ 実地指導を恐れずに済む近道

行政から「質が高いとみなされる事業所」とは、どのようなものでしょうか？
当然ながら、質が高い事業所になることが、実地指導を怖がらずに済む近道ですね。

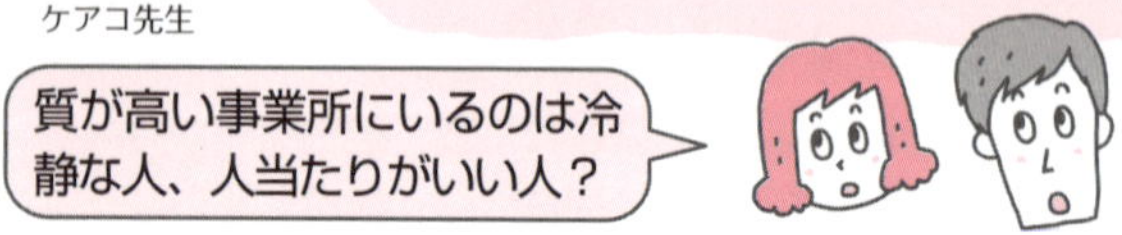
質が高い事業所にいるのは冷静な人、人当たりがいい人？

↙ 質が高い事業所にいる人とは

ニコニコ
キキッ！

目ざすべき
ケアマネ像は？

答えは ↗

答　ズバリ法令遵守

行政から見た質の高さとは……ズバリ、法令遵守（コンプライアンス）ができていることです！

詳しく解説すると…

なるほど解説

法令遵守を一番に！

法令やルールをしっかりと守る事業所は、まず質が高いとされます。特にケアマネジャーは、介護保険制度をきちんと守れる人が最低ラインだと考えられています。姿勢や話し方などをていねいに心がけることも大切です。しかし、何か“モノ”で介護のプロである姿勢や態度を示すとしたら、行政的にはやはり「書類」がものをいうのです。

法令遵守した書類が、しかるべき所・時期・方法できちんと整備されている。これが、行政から見たケアマネジャーを含む事業所の質になります。

教えて！ケアコ先生

やってくる時期

いつやってくる？

「もうこんな時間！」「あれもこれもしないと……」「書類作成が追いつかない」「いつになったらラクになれるの？」。毎日、忙しいですよね。

しかし、実地指導は確実にやってきます。

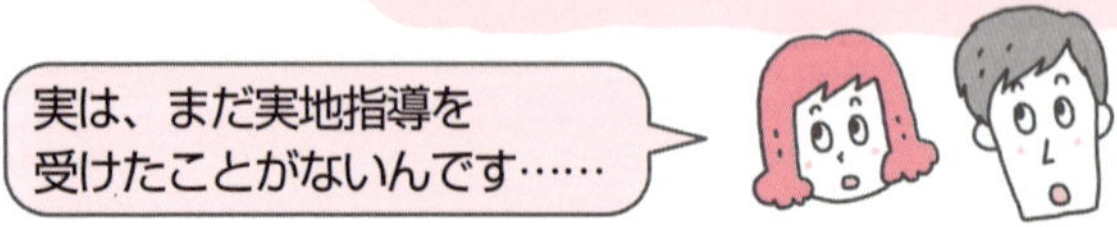
実は、まだ実地指導を受けたことがないんです……

↙毎日、忙しい……

やってくる時期は意外にも……

答えは↗

答　突然やってくることも⁉

実地指導は、事前通知はありますが、「たった４日後にやってきた」という例もあります！

詳しく解説すると…

なるほど解説

いつきてもだいじょうぶなように準備を

実地指導は、きちんと「この日時に実施します」と通知をしてやってきます。しかし、**「通知を受けてから用意すればいい」と安心してはいけません。**私の実体験です。そのときは書類がたまっていたのでふだんは休みの土曜日にのんびりと出勤しました。すると、ポストに薄っぺらい封筒が。「週明けの月曜日に伺う」という実地指導の通知でした。のんびり気分は一気に吹っ飛び、土日をフルに使っての書類作成！　もし土日をふだんどおりに休んでいたら……。金曜日発送から４日後。いつきてもだいじょうぶなよう準備をしておくことが大切です。

教えて！
ケアコ先生

何のためにある？

なぜ必要？

「実地指導がくる」となったら、どうしても負担に思ってしまいます。ですが、必要だから実地指導が行なわれるわけですね。
さて、実地指導は何のために行なわれるのでしょうか？

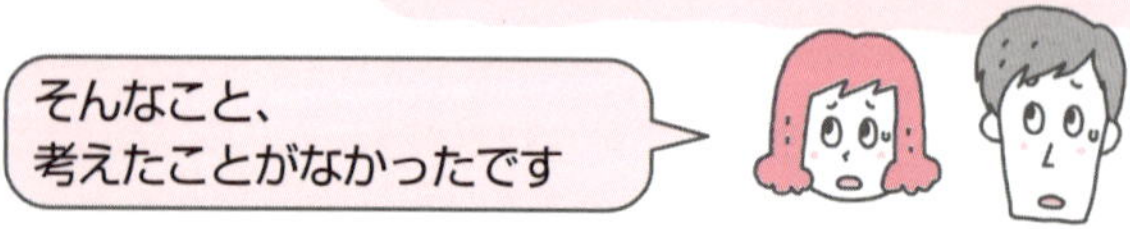
そんなこと、
考えたことがなかったです

↙ お互い負担なのに……

そもそも、何のために介護を？

答えは ↗

答　介護の基本理念を実行するため

「介護保険の基本理念を実行するため」に行なわれます。

詳しく解説すると…

なるほど解説

介護の原点を忘れないように

介護保険の事業所は、行政に「指定」の申請をして、認められてサービスを提供しています。「指定」を受けるということは、**決められた「基準」を満たして仕事をする、という質を維持すること**なのです。

実地指導は、事業所が決められた「基準」を満たしているか（守っているか）、すなわち介護保険の基本理念に沿った仕事ができているかを確認にくるのです。

教えて！
ケアコ先生

プロセスどおりに

？ 書類のそろえ方

書類はやみくもにそろえていればよいわけではありません。
プロセスどおりに書類はそろっていますか？

プロセスどおりって？

↙ とりあえずそろえようとしてみても……

答えは ↗

答　日付どおりに

うっかり日付が逆転等、していませんか？

詳しく解説すると…

なるほど解説

プロセスどおり＝日付順

プロセスどおりに書類をそろえる、ということは、**アセスメント→課題分析→ケアプラン原案作成→サービス担当者会議→モニタリング……の順番でそろえるということ**です。つまり日付順になります。この考え方が重要です。例えば、次のようなことがないよう、注意しましょう。

●サービス担当者介護の日付よりアセスメントの日付が後になっている

●サービス担当者介護の日付よりケアプラン原案の作成が後になっている

など。

加算の要件どおりに

加算の要求を把握している？

加算の要件は、きちんと把握していますか？
意識して行動や判断を記録し、書類に残しましょう。

加算の要求は把握しているつもりだけれど……

↙ 本当に把握できている？

これを押さえましょう！

答えは ↗

答　「なんとなく把握」はやめる

「こまめに書く」など、意識的に把握する工夫を考えましょう。

詳しく解説すると…

なるほど解説

要件を満たす書き方

下記は、加算の一例（独居加算）です。このようにして意識的に要求を把握することが大切です。

①アセスメントシートに「独居である」と文字にして書いている（ジエノグラムだけではだめ）

②本人に「独居加算を○年○月から算定することを説明し、同意を得た」と支援経過に書く

③毎月のモニタリングの訪問日に独居を確認。支援経過に「独居であることを確認した」と忘れないように書く

※特に③（毎月の「独居」）の記載が漏れて、実地指導で「返還」となるケースが増えています。

教えて！
ケアコ先生

実地指導と監査の違い？

違いの理解が大切

「実地指導」と「監査」の違いとはなんでしょうか？
実地指導が、現場で急に監査に切り替わることがあります。両者の違いをしっかりと理解しておくことが大切です。

「違いは何？」と言われると困ってしまいます……

↙ どちらなのかわからず不安

実地指導？
監査？

監査が入ったらタイヘン！

答えは ↗

答　通知・予告があるかないか

実地指導と監査は別物です。実地指導は事前通知がありますが、監査は予告なしに、すぐにやってきます。

詳しく解説すると…

なるほど解説

悪質と判断されれば途中で監査に

実地指導では、利用者の処遇、身体拘束防止や虐待の防止などへの取り組みに関する指導がなされます。また、請求の不適切な取り扱いの是正などもなされます。

一方で、監査は基準の遵守状況が徹底して確認されます。たいてい、内部（外部）告発や利用の苦情などにより監査に踏み切られるため、そうとう念入りに調べられることになります。覚悟が必要です。

実地指導をする前には「**悪質な違反が見つかった場合は監査に切り替える**」と伝えられます。いずれにしても、ふだんのきちんとした介護と準備が大切なのです。

教えて！
ケアコ先生

指定取り消しになる場合

どのような場合に？

事業の廃止となる、監査による指定取り消し。
そのような事態になることは避けねばなりませんが、そもそも、どのような場合に指定取り消し処分がなされるのでしょうか？

取り消しになる場合を知って、対策をしておかないと！

↙ 知らずに取り消しにならないように

指定取り消し

監査指針では
こうなります！

答えは ↗

答

従わない・不正・虐待など

「改善勧告」や「改善命令」に従わない場合や、悪質な不正、虐待などがわかった場合です。

詳しく解説すると…

なるほど解説

監査指針でもっとも重い指定取り消し

監査指針では、監査で発見した内容や重度によって、軽いものから改善経過の報告をさせる「報告等」、基準遵守を勧告する「改善勧告」、改善措置を取る命令をする「改善命令」が出されることとなっています。これらが出されたにもかかわらず、是正されない場合で、介護保険給付上、引き続き指定を行なうことが制度上見過ごすことができない場合に、指定取り消しとなります。

また、不正手段によって指定を受けたことや不正請求など**悪質な体質がわかった場合には、改善勧告・改善命令を経ずに、指定取り消しがなされることもあります。**

第2章

実地指導の準備（1）
…実地指導の具体的な対策

＊実地指導を受ける前に＊

●実地指導の通知を受けたら

「給付の適正化」は、実地指導の大きな目的のひとつ。返還になったら、事業所として痛手になる加算額が大きいものを、実地指導の通知を受けたら、加算を算定しているケースから次の内容を事前チェックをしましょう。
①退院退所加算、②初回加算、③独居加算、④認知症加算、⑤入院時情報連携加算

●その後に

続いて、退院退所加算の算定ケースの利用者を全員チェックしましょう。退院退所加算の算定は満たしていますか？
①病院の職員と面談しているか、②病院からの情報提供の内容を国が示す様式等に記録しているか、③アセスメント・サービス担当者会議・ケアプラン交付をしているか、④サービスの調整をしているか、⑤３回算定する場合は…
・医師が参加するカンファレンスに出席しているか
・病院が患者に対して交付する文書の写しがあるか

これだけはしない！（1）

人員の架空配置とは？

このページから、「これだけはしてはならないこと」を5つ紹介していきます。まずは、「人員の架空配置」。実地指導から、即、監査に切り替えられる例ですが、どのような場合が当てはまるか、具体的に説明できますか？

難しいです……。
教えてください！

↙ 人員の架空配置のイメージ

つまり、こういうことです

答えは ↗

答　人員の整合性がない、など

意図的な架空配置はもちろん、申請上の内容と実際の人員の整合性がない場合なども含まれます。

詳しく解説すると…

なるほど解説

記録や書類との整合性を！

従業員数や管理者など、人員の数や配置について、記録や書類上と実際の整合性がないといけません。

居宅のケアマネジャーは、基準では１人当たり上限35名です。報酬上は、39件まで算定可能です。よくある不正は、実際は同じ敷地内に管理者が勤務していないのに、届出上はあたかもいるように申請している場合です。出勤簿の改ざんなどは、悪質です。

実地指導の際に、申請上と事実の違いが見られると重大な措置が取られます。**ふだんから人員は正しく配置**しておきましょう。

教えて！ケアコ先生

これだけはしない！（2）

記録を手直ししたい……

急に実地指導の通知がありましたが、記録に一部、知られるとよくない状況がありました。このようなとき、記録を少しだけなら手直しをしてもよいのでしょうか？

隠すことはよくないとは思うけれど、気持ちはわかる……
↙少しだけなら……？

手直し
直さなくちゃ……

少しでも手直しをすると……

答えは↗

答　「手直し」は「情報の改ざん」

「手直し」というと聞こえは悪くないですが、実地指導では「書類の改ざん」と判断されます。

詳しく解説すると…

なるほど解説

情報の改ざんはバレる

34・35ページで、例として管理者の架空配置について説明しましたが、実地指導前に整合性の観点でこれを出勤簿などで調整すると、「情報の改ざん」となってしまいます。出勤簿のほかにも、雇用契約、労働者名簿、就業規則、業務などの記録など、すべての書類について、実体と違った書き直しは厳禁です。

特に、監査の場合は、きちんと準備してから入りますので、情報の改ざんや口裏合わせはすぐにバレます。その場合は、もちろん、重大な措置が取られます。真摯な気持ちで実地指導を受けましょう。

教えて！ケアコ先生

これだけはしない！(3)

？ 事実と異なる報告

実態と違った報告で、多く給付を受け取っていた場合のことです。実地指導の聴き取り調査で、事実と異なる報告をしてしまいました。

これは、どのように受け取られるか、わかりますか？

やっぱり事実と違った報告をするのはよくないのでは……
↙ 実態は事実と違うが……

給付の件で…

ウソは重大な違反行為です

答えは ↗

答　「事実と異なる」は「虚偽」

聴き取り調査で異なる報告をすることは、「虚偽の報告」と受け取られ、重大な処罰が下されます。

詳しく解説すると…

なるほど解説

すぐにすなおに謝りましょう

36・37ページの「情報の改ざん」とともに、「虚偽の報告」は重大な違反行為です。例えば、不正請求、人員基準欠如に係る減算未実施、加算の不正請求、利用料等の不正受領、などが当たります。虚偽答弁も同様です。結果、事業の廃止、指定効力の一部停止（営業停止のような状態）など、重大な行政処分が下されます。

過去にあったことは、もう直せません。**すぐにすなおな気持ちで「申し訳ございません」と謝りましょう。**そうすれば、重大な処分ではなく、返還程度で済むかもしれません。

これだけはしない！（4）

？ ご利用者の秘密の取り扱い

ご利用者と日常的に接していると、その人が自分の秘密をぽろっとこぼすことがあるでしょう。これは家族に伝えたほうがいい、と思うことも。介護者は秘密保持について、どのように考えればいいのでしょうか。

秘密は守るべきなんだろうけれど……

↙ いろいろ話してくださるが……

秘密保持の
考え方とは？

答えは ↗

答　２つの意味の「秘密保持」を理解

「秘密保持」には次の２つの意味があります。①専門職としての信頼関係の基盤、②個人情報の保護

詳しく解説すると…

なるほど解説

特に「個人情報の保護」に留意

実地指導で特に確認の対象になるのは、「②個人情報の保護」に関することです。本人だけでなく家族の情報を取り扱うこと、関係機関と連携を取ること、その中でも特に医療との連携については必要に応じて医師の意見を求めることについて、あらかじめ利用者の同意を取り付けておくことが必要です。重要事項説明書にも記載し、本人と家族の同意を得ておきましょう。

また、医師に連絡・情報提供を求めるときは、そのつど、利用者の同意を必要とする保険者もありますので、あらかじめ調べておきましょう。

教えて！ケアコ先生

これだけはしない！(5)

違法行為を防ぐために

「違法行為をしてはならない」ことはだれでもわかります。
しかし、「これが違法行為」だと知らないでやってしまっても、やはり違法行為です。
どのようなことが、違法行為なのでしょうか？

自分もふだんの仕事の中で、やってしまっていないかな……

↙ もしかして、違法行為？

代表例を知っておきましょう！

答えは ↗

答　「介護の法律のプロ」を意識

ケアマネジャーは、利用者から見れば、介護に関する法律を理解している「プロ」です。

詳しく解説すると…

なるほど解説

軽い気持ちが……

例えば、サービス事業所から、商品券や食事、その他の接待を受け、「いつも利用者さんを紹介してもらっていますから」「また紹介してください」などという行為は、「居宅サービス事業所等からの利益収受」と見なされかねません。

軽いあいさつを受けたつもりが、法律違反となります。利用者から見れば、癒着関係がある事業所を自分に紹介している、と思われかねないのです。

教えて！
ケアコ先生

記録を書く（1）「虐待」

やってないのに「虐待された」

虐待は、家族などだけではなく、専門職がする行為（身体拘束）なども該当します。どのような行為が身体拘束になるか、知っていますか？

やってないのに「虐待された」などと言われることもあります。

しかたなくやっていた場合でもだめなんですか？

よしっ
これで
だいじょうぶ！

↙ やっていないのに……

虐待の理解を
深めましょう！

答えは ↗

答　日ごろの記録が大切

身体拘束は必要なプロセスを踏んでいないと、監査→処分となります。決め手は「書類」です。

詳しく解説すると…

なるほど解説

拘束の理由を書類で証明

平成 25 年 6 月に、在宅サービスで身体拘束をしたことにより、処分を受けた事業所があります。身体拘束については、国がミトン型手袋、つなぎ服、Ｙ字型拘束帯、施錠など、11 の例を挙げています（『身体拘束ゼロへの手引き』平成 13 年 厚生労働省「身体拘束ゼロ作戦推進会議」発行）。やむを得ない身体拘束をする場合は、**以下のプロセスと書類が必要**です。

①身体拘束の三原則に該当する

②チームや地域包括を含めた会議で検討

③日々の記録

④定期的な見直し

教えて！ケアコ先生

記録を書く（2）「連携」

なぜ「連携」が大切？

ケアマネジャーは、サービス事業所・医療・関係機関、そして最近では特に地域との連携が叫ばれています。
なぜ「連携すること」や「記録を残すこと」が強く求められるのか、わかりますか？

あらためて答えるとなると、意外に難しいなぁ……

↙ なぜ「連携」が求められる？

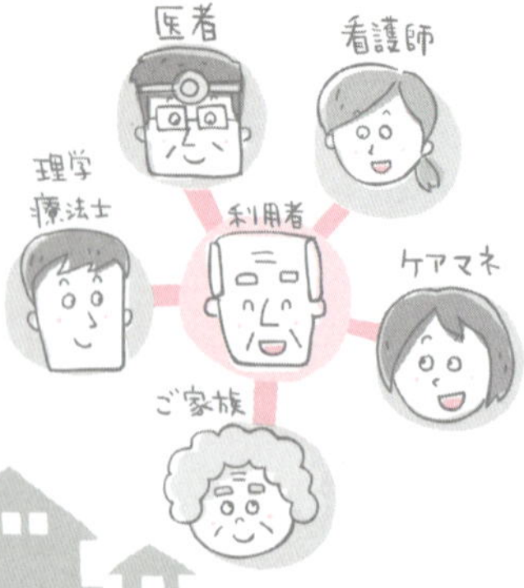
医者
看護師
理学療法士
利用者
ケアマネ
ご家族

ケアマネジャーは大切な存在！

答えは ↗

答 “つなぐ”のが役割

利用者のよりよい生活のために必要な資源（人と人）をつなぐ役割を持つのがケアマネジャーだからです。

詳しく解説すると…

なるほど解説

記録が証明となる

ケアマネジャーが連携の役割を果たしている証明として、「記録」が大切になります。運営基準（指定居宅介護支援等の事業の人員及び運営に関する基準）第13条で連携について、次のことが決められています。①サービス担当者会議の開催、②サービス事業者等へのケアプランの交付、③サービス事業者等へのモニタリング、④施設や病院への入所・入院時の連携、⑤通院・通所時の連携、⑥医師との連携。また、努力義務として、⑦地域の保健医療福祉サービスインフォーマルサービスとの連携も決められています。**やらなければ減算になるのは①②③、加算が付くのは④⑤⑥**。重点的に見られるところです。

記録を書く(3)「特変なし」

「特変なし」は意味がない？

毎月のモニタリング記録があまり状態が変わらないため、ついつい「特変なし」と書いてしまったり、前月と同じ文言を書いてしまうことはありませんか？モニタリングの意味がありません。どう書けばいいでしょう？

そうはいっても、書くことがなくて……

↙ 何を書こうか……

そもそも介護は何のために？

答えは ↗

答　根拠にならないから

「こういったケアの必要性があるから介護給付を」という根拠が必要です。「特変なし」は根拠になりません。

詳しく解説すると…

なるほど解説

給付する根拠になる情報を書く

今では福祉用具の半年ごとの見直しはなくなったものの、実地指導では福祉用具貸与の必要性はチェックされます。例えば、使っていないサイドテーブルなどはモニタリングして返却しましょう。当然、必要と考えられる要介護５の方のベッドレンタルであっても「ベッドの使用により離床が可能であり、本人の心身状態の維持、介護負担の軽減の観点から継続が妥当」などの一文を書きましょう。**「特変なし」ではない、こういった記録の積み重ねが根拠となり**、運営基準第 13 条 21 と 22 の「継続して福祉用具貸与を受ける…」の根拠につながります。

計画書・記録の提示

？ してはならないこと？

行政は、事業所に対して実地指導や監査の形で書類の提示を求めることができます。
提示を求められた際に、してはならないことがわかりますか？

今の状態のまま提出すると、マズイな……

↙ 問題がない書類って？

これがポイントです！

答えは ↗

答　改ざんはだめ！ 整備は OK ！

書類の「改ざん」は禁止です。しかし、「行為としてはやったけれど、記録はまだ」なら、整備しましょう。

詳しく解説すると…

なるほど解説

事実とほかの書類との整合性を

タイムリーに書類の作成をしないといけないことはわかっていても、利用者の対応で日々、追いつかないことが多々あるのが書類整備ですね。しかし、後付けでは記憶が定かでない、ほかの書類との日付や内容の整合性が取れない、などのミスが発生しがちです。**日付や内容の齟齬《そご》に注意して、整合性を意識して作成**しましょう。これからは、実地指導・監査だけでなく、「地域ケア会議」での書類提示の機会も増えます。「書類はいつでも見られる」と意識して、日頃から作成しましょう。36・37ページでも触れたとおり、当然、書類の「改ざん」は禁止です。

教えて！
ケアコ先生

受給者の確認を取る

契約前に受給資格を確認

契約をする前のタイミングで、利用者となる人の介護保険の受給資格を確認していますか？

介護保険証は見るようにしているけれど……
↙ざっとは見ているが……

介護保険の受給資格？

非常に重要なことなのです！

答えは↗

答　運営基準で義務付けられている

運営基準では、介護保険者証の確認が義務付けられているほか、利用者に必要な情報提供も義務付けられています。

詳しく解説すると…

なるほど解説

実地指導で見られるポイント

実地指導では、**介護保険情報を適切に把握しているか確認するために、介護保険者証（写）が利用者台帳にファイリングされているかが見られます。**

このほか、ケアプラン、サービス利用票への正確な保険情報の記載も見られます。

適切な給付のためには、例えば、「みなし２号の利用者」（事情により介護保険を支払わず要介護認定を受けた方）が障害者サービスを介護保険サービスよりも優先して位置付けられているかが確認されます。

教えて！ケアコ先生

苦情への対応について

どのような対応をしている？

ふだんの介護の中で、苦情を言われたことがあるかもしれません。直接言われるにしても、間接的に言われるにしても、プロなら、きちんとした対応を取ることが必要です。あなたはどのような対応をしますか？

一生懸命でも、から滑りをして苦情を言われたことが……

↙ 対応は実地指導にも影響

苦情への対応の考え方は……

答えは ↗

答 「小事は記録せず」はだめ

「苦情にすぐに対応して、許していただいたし、大事にならなかったから記録しない」は、いけません。

詳しく解説すると…

なるほど解説

ファイルを別に

トラブル・クレーム・事故は、
①ケアマネジャーに対するもの
②サービス事業所に対するもの
の２つが考えられます。特に①は、必ず記録を残しましょう。**ファイルは同じ法人のほかのものとは別**にします。居宅介護支援事業所でファイル１つの中においては、それぞれトラブル、クレーム、事故に分けます。例えば、苦情なら、「ケアマネジャーの対応について利用者から苦情を言われた」などです。記載内容は「①対処の経過」「②発生原因」「③再発予防のための今後の対応」です。

教えて！
ケアコ先生

トラブル・事故への対応

？「連携の要」としての対応

ケアマネジャーは「連携の要《かなめ》」なだけに、連絡ミスがトラブルや事故の原因をつくることになりかねません。連絡ミスまたはケアプランの不備で事業所間や利用者とトラブルになったことはありませんか？

うっかり通院介助を入れ忘れてしまったことが……

↙ 間に入って辛い思いをすることも……

さまざまなトラブルの元が……

答えは ↗

答　ささいなことでも記載・記録を！

提供票の記載ミスもトラブルの元。実際にそれで人が動き、お金も発生すると、りっぱなトラブル事案なのです。

詳しく解説すると…

なるほど解説

ささいなことも記録する

例えば、ケアマネジャーが利用者からデイサービスのキャンセルをあらかじめ連絡されていたのに、利用票に「1」を予定していたために、デイサービスが利用者宅に迎えに行ってしまった場合。このとき、**利用者からは大きな苦情にはならなかったものの、デイサービスの事業所は人を配置し、実働し、食事を用意していた、などの損失が発生したトラブル事案となっています**。ほか、必要な臨時の通院サービスなどの「1」を予定していなかったために、利用者が不利益を被った、といった場合もトラブル事案となります。ささいなことも記録しましょう。

教えて！ケアコ先生

「ケアマネジメントプロセス」って？

どう記録・実行をする？

介護保険制度は「ケアマネジメント」を核として作られており、文書で証明することが専門職としての仕事の裏付けとなります。運営基準第13条6～15に規定されているとおり、きちんと実行・記録ができていますか？

きちんと実行・記録するって？
自信ないなぁ……

↙そんな規定があったっけ？

このように考えましょう！

答えは↗

答　プロセスの順番どおりに

ケアマネジメントは、プロセスの順番どおりに実行し、記録します。

詳しく解説すると…

なるほど解説

ケアマネジメントプロセスを証明

アセスメントがあるから課題抽出ができ、課題抽出ができたからケアプランの原案が作れます。ケアプラン原案をたたき台にして、サービス担当者と意見交換ができ、プランが確定するから、交付できます。

そして、交付をしたからサービスが提供され、モニタリングができるのです。

つまり、この**順番どおりに日付が古い順から並ぶはず。**順番どおりにできない事情（前後する、など）があれば、その理由をきちんと記載します。

教えて！
ケアコ先生

ケアマネジメントプロセスの流れ

きちんと説明できる？

58・59 ページで説明したケアマネジメントプロセスは、ケアマネジャーだけでなく、ケアマネジャーならだれでも流れをきちんと理解して覚えておくことが重要です。あなたはきちんと流れを説明できますか？

ちょっと自信がありません……

↙ 言葉のつながりがあいまい……

う〜ん
アセスメント
モニタリング
ケアプラン
?
?

言葉のつながりと流れを意識！

答えは ↗

答　流れに沿っていることが大切

主にケアマネジメントプロセスが流れに沿って、適切に業務として実行されているかどうかが見られます。

詳しく解説すると…

なるほど解説

流れを図で覚える

下が、**ケアマネジメントプロセスの流れ**です。この流れを覚え、自分の仕事を客観的にとらえましょう。

ケアマネジメント・プロセスは絶対覚える！

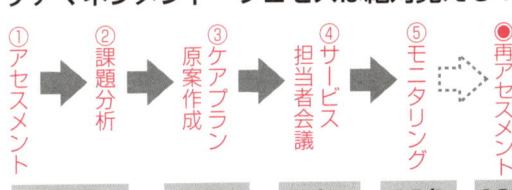

①アセスメント → ②課題分析 → ③ケアプラン原案作成 → ④サービス担当者会議 → ⑤モニタリング ⇨ ◉再アセスメント

①アセスメント・②課題分析	③ケアプラン原案作成	④サービス担当者会議	⑤モニタリング	◉再アセスメント
13条6、7	13条8・10・11	13条9・14	13条12・13	13条15

介護保険施設等実地指導マニュアル（改定版）を改変

ケアマネジメントプロセスを押さえる

？ 指摘されやすい部分とは？

58ページからケアマネジメントプロセスの大切さを説明してきました。
それではいったい、実地指導では、どのような部分が指摘されやすいのでしょうか？

ここはしっかりと
押さえておきたい！

↙ 指摘されやすいポイントは
どんなところなのか？

これを押さえて
おきましょう！

答えは↗

答　チェックポイントを押さえておく

ケアマネジメントプロセス以外のポイントでも、実地指導のチェックが入ります（下の図表）。

詳しく解説すると…

なるほど解説

よく確認されるポイント

下のポイントは実地指導で確認されることが多いので、漏れや誤りなどがないかチェックしておきましょう。

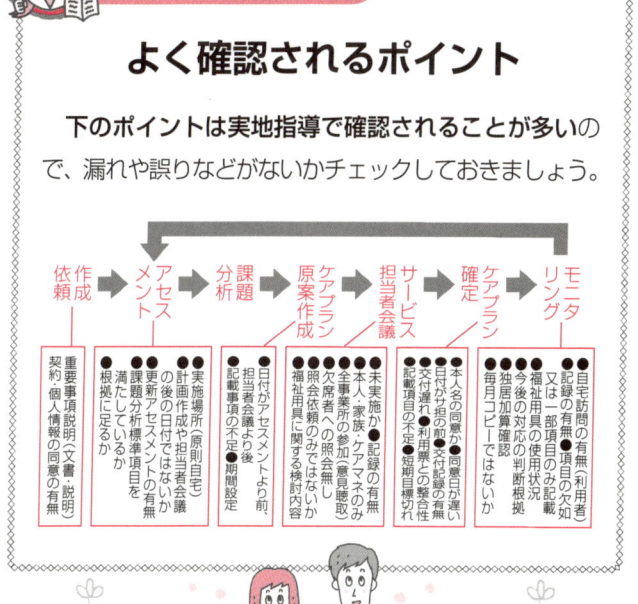

作成依頼 → アセスメント → 課題分析 → ケアプラン原案作成 → サービス担当者会議 → ケアプラン確定 → モニタリング（→ アセスメントへ戻る）

- **作成依頼**
  - 重要事項説明（文書・説明）契約・個人情報の同意の有無
- **アセスメント**
  - ●実施場所（原則自宅）
  - ●計画作成や担当者会議の後の日付ではないか
  - ●更新アセスメントの有無
  - ●課題分析標準項目を満たしているか
  - ●根拠に足るか
- **ケアプラン原案作成**
  - ●日付がアセスメントより前、担当者会議より後
  - ●記載事項の不足●期間設定
- **サービス担当者会議**
  - ●未実施か●記録の有無
  - ●本人・家族・ケアマネのみ
  - ●全事業所の参加（意見聴取）
  - ●欠席者への照会無し
  - ●照会依頼のみではないか
  - ●福祉用具に関する検討内容
- **ケアプラン確定**
  - ●本人名の同意か●同意日が遅い
  - ●日付がサ担の前●交付記録の有無
  - ●交付遅れ●利用票との整合性
  - ●記載項目の不足●短期目標切れ
- **モニタリング**
  - ●自宅訪問の有無（利用者）
  - ●記録の有無●項目の欠如又は一部項目のみ記載
  - ●福祉用具の使用状況
  - ●今後の対応の判断根拠
  - ●独居加算確認
  - ●毎月コピーではないか

＊コラム＊

ケアマネジメントプロセスをもっとよく知りましょう！

●自分のケアマネジメントプロセスを見直す

加算でチェックの優先順位を付けたら、抽出したすべての台帳のケアマネジメントプロセスを確認します（61 ページ図表）。

そのときに、自分がケアマネジメントプロセスどおりの仕事をできているかも見直しましょう。具体的には、右のような内容です。

①アセスメントは、原則的に自宅で利用者と家族両方と面談できていますか？（家族が同席できない理由を記載する）

②ケアプラン原案がありますか？　行政職員から見ると、確定プランは見えても、原案の存在が不明瞭です。原案がそのままサ担で承認されて確定プランになったら、支援経過に「原案が承認され、確定プランとなった」と書くことで、流れを証明できます。

③ケアプランの署名はありますか？　本人名と本人印です。

④ケアプランを交付したことを証明しましょう。交付した文書は手元に残らないので、交付したことを証明する記録が必要です。支援経過に交付した事実を記載するか、チェックリストで証明しましょう。

ケアプランとプロセス

？ ケアプランがある＝一連の書類がある

行政職員は「ケアプランの数だけ、一連のケアマネジメントプロセスが存在する」と考えています。あなたはだいじょうぶですか？

え、ちょっとしたプラン変更のときは……

↙ いざ尋ねられた場合に……

こう、考えましょう！

答えは ↗

答　プロセスの実行を記録に

「一連のプロセスを実行した」ことを工夫して、記録に残しましょう。

詳しく解説すると…

なるほど解説

行為を残す工夫を

運営基準第 13 条6～15 で、プラン変更ごとにアセスメント～プラン交付をすることが定められています。新規・更新・変更時は、必ずアセスメントシートを新たに起票しましょう。しかし、軽微、または変更ではないちょっとしたプラン変更（68・69 ページ参照）では、アセスメント～プラン交付のプロセスが必要です。起票はしなくても、支援経過には「再アセスメント実施」の記録を残します。サービス担当者会議は、すべての担当者が集うのが望ましいですが、変更となるサービスの事業所と利用者・家族・ケアマネジャーの３者でもよいので、開催します。サ担の前までに、ほかの担当者に照会依頼を済ませましょう（平成 26 年４月以降は、本人・家族も参加）。

軽微な変更

？ 特殊なケース

ケアプランの変更をしても、ケアマネジメントプロセスの一連の流れを踏まなくてもいいケースがあるのを知っていますか？

3.ケアプランの軽微な変更の内容について（ケアプランの作成）	「指定居宅介護支援等の事業の人員及び運営に関する基準について（平成11年7月29日老企22号厚生省老人保健福祉局企画課長通知）」（以下「基準の解釈通知」という。）の「第Ⅱ 指定居宅介護支援等の事巣の人員及び運営に関する基準」の「3 運営に関する基準」の「（7）指定居宅介謹支援の基本取扱方針及び具体的取扱方針」の「⑮居宅サービス計画の変更」において、居宅サービス計画を変更する際には、原則として、指定居宅介護支援等の事業及び運営に関する基準（平成11年3月31日厚令38、以下「基準」という。）の第13条第3号から第11号までに規定されたケアプラン作成にあたっての一達の業務を行うことを規定している。なお、「利用者の希望による軽微な変更（サービス提供日時の変更等）を行う場合には、この必要はないものとする。」としているところである。
①サービス提供の曜日変更	利用者の体調不良や家族の都合などの臨時的、一時的なもので、単なる曜日、日付の変更のような場合には、「軽微な変更」に該当する場合があるものと考えられる。なお、これはあくまで例示であり、「軽微な変更」に該当するかどうかは、変更する内容が同基準第13条第3号（継続的かつ計画的な指定居宅サービス等の利用）から第11号（居宅サービス計画の交付）までの一連の業務を行う必要性の高い変更であるかどうかによって軽微か否かを判断すべきものである。
②サービス提供の回数変更	同一事業所における週1回程度のサービス利用回数の増減のような場合には、「軽微な変更」に該当する場合があるものと考えられる。なお、これはあくまで例示であり、「軽微な変更」に該当するかどうかは、変更する内容が同基準第13条第3号（継続的かつ計画的な指定居宅サービス等の利用）から第11号（居宅サービス計画の交付）までの一連の業務を行う必要性の高い変更であるかどうかによって軽微か否かを判断すべきものである。
③利用者の住所変更	利用者の住所変更については、「軽微な変更」に該当する場合があるものと考えられる。なお、これはあくまで例示であり、「軽微な変更」に該当するかどうかは、変更する内容が同基準第13条第3号（継続的かつ計画的な指定居宅サービス等の利用）から第11号（居宅サービス計画の交付）までの一連の業務を行う必要性の高い変更であるかどうかによって軽微か否かを判断すべきものである。
④事業所の名称変更	単なる事業所の名称変更については、「軽微な変更」に該当する場合があるものと考えられる。なお、これはあくまで例示であり、「軽微な変更」に該当するかどうかは、変更する内容が同基準第13条第3号（継続的かつ計画的な指定居宅サービス等の利用）から第11号（居宅サービス計画の交付）までの一連の業務を行う必要性の高い変更であるかどうかによって軽微か否かを判断すべきものである。

答　これを読みましょう！

『介護保険最新情報 VOL.155』の「3.ケアプランの軽微な変更の内容について」のページを下に掲載します。

詳しく解説すると…

なるほど解説

⑤目標期間の延長	単なる目標設定期間の延長を行う場合（ケアプラン上の目標設定（課題や期間）を変更する必要がなく、単に目標期間を延長する場合など）については、「軽微な変更」に該当する場合があるものと考えられる。なお、これらはあくまで例示であり、「軽微な変更」に該当するかどうかは、変更する内容が同基準第13条第3号（継続的かつ計画的な指定居宅サービス等の利用）から第11号（居宅サービス計回の交付）までの一連の業務を行う必要性の高い変更であるかどうかによって軽微か否かを判断すべきものである。
⑥福祉用具で同等の用具に変更するに際して単位数のみが異なる場合	福祉用具の同一種目における機能の変化を伴わない用具の変更については、「軽微な変更」に該当する場合があるものと考えられる。なお、これはあくまで例示であり、「軽微な変更」に該当するかどうかは、変更する内容が同基準第13条第3号（継続的かつ計画的な指定居宅サービス等の利用）から第11号（居宅サービス計回の交付）までの一連の業務を行う必要性の高い変更であるかどうかによって軽微か否かを判断すべきものである。
⑦目標もサービスも変わらない（利用者の状況以外の原因による）単なる事業所変更	目標もサービスも変わらない（利用者の状況以外の原因による）単なる事業所変更については、「軽微な変更」に該当する場合があるものと考えられる。なお、これはあくまで例示であり、「軽微な変更」に該当するかどうかは、変更する内容が同基準第13条第3号（継続的かつ計画的な指定居宅サービス等の利用）から第11号（居宅サービス計回の交付）までの一連の業務を行う必要性の高い変更であるかどうかによって軽微か否かを判断すべきものである。
⑧目標を達成するためのサービス内容が変わるだけの場合	第一表の総合的な援助の方針や第二表の生活全般の解決すべき課題、目標、サービス種別等が変わらない範囲で、目標を達成するためのサービス内容が変わるだけの場合には、「軽微な変更」に該当する場合があるものと考えられる。なお、これはあくまで囲示であり、「軽微な変更」に該当するかどうかは、変更する内容が同基準第13条第3号（継続的かつ計画的な指定居宅サービス等の利用）から第11号（居宅サービス計画の交付）までの一連の業務を行う必要性の高い変更であるかどうかによって軽微か否かを判断すべきものである。
⑨担当介護支援専門員の変更	契約している居宅介護支援事業所における担当介護支援専門員の変更（但し、新しい担当者が利用者はじめ各サービス担当者と面識を有していること。）のような場合には、「軽微な変更」に該当する場合があるものと考えられる。なお、これはあくまで例示であり、「軽微な変更」に該当するかどうかは、変更する内容が同基準第13条第3号（継続的かつ計画的な指定居宅サービス等の利用）から第11号（居宅サービス計画の交付）までの一連の業務を行う必要性の高い変更であるかどうかによって軽微か否かを判断すべきものである。

介護保険最新情報 VOL.155「3.ケアプランの軽微な変更の内容について」より

要介護認定の申請

認定申請はだれの責任？

担当している利用者の介護保険者証（写）は、保管していますか？
有効期間が切れる前に、更新申請は徹底できていますか？

それはだれでもやっていること。だいじょうぶだよね？

↙しっかりとチェック！

油断・失念は禁物です！

答えは ↗

答　失念は責任問題に

担当している利用者の更新申請をうっかり忘れてしまったら、責任問題になります。

詳しく解説すると…

なるほど解説

利用者の申請には責任を追う

契約関係にある利用者で、特に現在、介護保険のサービスを利用している場合に、もし、何らかのミスで更新申請が行なわれず、有効期間が切れてしまったら、ケアマネジャーの事業所に責任が問われます。なぜなら、**運営基準第８条３に「遅くとも、有効期間が切れる 30 日前まで」には更新申請の支援をすることが義務付けられている**からです。

このミスで、実際に利用者から損害賠償を求められるケースもありますので、気をつけましょう。

医療との連携

? 主治医との連携が難しい

医療との連携は、介護保険では医療との連携は指定基準だけでなく、法律にもうたわれているほどの重要な項目です。
きちんと主治医と連携できていますか？

医師は敷居が高くて、苦手だなぁ

↙ 専門分野ではないが……

「連携の要《かなめ》」としての責任を！

答えは ↗

答　行動や判断を記録に残す

医師との連携は難しくても「行動や判断」を記録に残すことが、実地指導対策のポイントです！

詳しく解説すると…

なるほど解説

連携の状況も記録に残す

多くのケアマネジャーが特に難しいという、主治医との連携。介護保険の主旨を理解してくれる医師ばかりではない、という理由が大きくあります。

しかし、連携しなければ、ケアマネジャーとして運営基準を満たせません。

主治医に連絡した日時、方法を支援経過に残しましょう。たとえ、直接意見をもらえなくても、ケアマネジャーとしては**連絡を取り続けた「事実を記録に残す」ことが重要**なのです。

福祉用具について

福祉用具に対する意識

福祉用具について、実地指導でよく指摘を受けます。
例えば「要介護度4・5」の方がベッドを使っているというのはあたりまえのことですが、記録にあえて載せる必要はないだろう、などと考えていませんか？

……考えていました。当然のことなので省略しています

↙ 要介護度の記述を
省略したって……

福祉用具のポイントはこちら！

答えは ↗

答　記載義務が明記されている

「福祉用具貸与に関する運営基準・第13条21」に、記載しなければならないことが明記してあります。

詳しく解説すると…

なるほど解説

運営基準の記載どおりに書類整備

上記第13条21に、「……継続して福祉用具貸与を受ける必要がある場合にはその理由を居宅サービス計画に記載しなければならない。」と書かれています。要介護４・５のご利用者であっても、ベッドが今後も必要な理由と確認、記録が必要です。下記を覚えましょう。

①利用の妥当性を検討しているか、記録しているか
②必要な理由を居宅サービス計画に記載しているか
③サービス担当者会議で継続利用の妥当性、理由の確認
④モニタリングで利用状況や妥当性を確認できているか

「指定居宅介護支援の基本取扱方針」にも通じます。

教えて！
ケアコ先生

加算と減算について

ケアマネジメントプロセスの次は

実地指導では、ケアマネジメントプロセスに沿った仕事ぶりを基本として、次に「加算や減算が適切か」が見られます。加算の要件の理解があいまいだと、意図せず不正請求になってしまいます。だいじょうぶですか？

もう一度、理解をし直しておきたい！

↙ 不正請求は避けたい！

加算
減算
不正請求

これさえ心掛ければだいじょうぶ！

答えは ↗

答　加算は要件の理解と実行が要

P.26・27 で加算について説明しましたが、実は減算があると算定できない加算項目があるのを知っていますか？

詳しく解説すると…

なるほど解説

加算と減算の関係を知ろう

加算や減算は、事業所のケース全体にかかるものと、該当するケースだけのものとがあります。うっかり算定できない加算を請求すると不正請求に。**下の表で×がついているところは、算定することができません。**

加算と減算の関係

	運営基準減算（該当ケース）	特定事業所集中減算（全件）	特定事業所加算Ⅰ Ⅱ（全件）	初回加算（該当ケース）	退院退所加算（該当ケース）
運営基準減算（該当件数）			×	×	
特定事業所集中減算（全件）			×		
特定事業所加算Ⅰ Ⅱ（全件）	×	×			
初回加算（該当ケース）	×				×

教えて！ケアコ先生

実地指導のマニュアルって？

究極の実地指導対策方法

実は、実地指導にはマニュアルがあるのをご存じですか？
これをぜんぶ押さえておけば実地指導はカンペキ、というものがあるのです。

そんなのがあるんですね。
教えてください

↙ これさえ押さえれば！

マニュアルはこのようなもの

答えは ↗

答　しかしながら、膨大なページ数

国としてはきちんと標準化した『介護保険施設等実地指導マニュアル』は、じつに 890 ページもあります。

詳しく解説すると…

なるほど解説

ポイントを押さえて

890 ページの本編と、別冊書類が付きます。きちんと読もうとすると、気合いと労力が求められる分厚いマニュアルです。ポイントを押さえて、読み込むとよいでしょう。

下記は、マニュアルの内容です。

- **本編（全 890 ページ）**
- **別冊（『各種加算・減算適用要件一覧表』／『各種加算等自己点検シート』／『関係法令等』）**

第3章

実地指導の準備（2）…実地指導の心構え

＊実地指導がくる前に＊

●日頃からの準備を

79 ページで紹介した『介護保険施設等実地指導マニュアル』は、全部で 890 ページあります。厚いマニュアルですが、ポイントを右上の 3 つに絞ることができます。

①指定基準どおりの仕事をしているか、②加算・減算は適切か、③高齢者虐待防止法を守っているか

いずれも「実地指導がくる！」とわかったときからでは、対処できません。日ごろから次の準備をしておきましょう。①書類の「有り・無し」レベルでは「書類は有る」状態に、②やっていない書類、やっていない内容は書かない改ざん、③やったけれど遅れている書類は、急いで作る、④ケアマネジメントプロセスは、運営基準第 13 条 6 − 15 の文言どおりに実行し、記録する、⑤加算は要件どおりに

【例】アセスメント

- 場所…本人の自宅（入院中は病院でも OK）
- だれと…本人と家族（※本人または家族、ではありません）

独居の場合でも、断られる・無理だとわかっていても、「ご家族の同席が必要です」と一度は言いましょう。それが法律を守るポイントです。本人や家族から同席が不可能な理由を聞いたら、支援経過に残しましょう。こうして法令を遵守して、ケアマネジャーとしての身を守り、利用者にも無理のない対応を実行しましょう。

教えて！
ケアコ先生

受ける態度

受ける態度とは？

さて、実地指導は、どのような態度で受けるべきなのでしょうか？

実地指導は、やっぱり怖いなぁ……

↙ 思わず身構えてしまいそう

受ける側の態度
も大切です

答えは ↗

答 「指導をいただく」気持ちで

実地指導は、「指導をいただく」という前向きな気持ちと態度で受けるようにしましょう。

詳しく解説すると…

なるほど解説

お互いがお互いを知る場

実地指導は、行政が指導するものですが、もっと大きな視点でとらえると、「**行政と事業所がお互いを知る場**」ともいえます。

行政にとっては、適切な運営によりサービスの質が向上するように「指導」しなければなりません。

一方、事業所にとっては、適切な運営ができるように「指導」を受け、質問できる場なのです。

実地指導担当者は私たちをいじめにやってくるわけではありません。法令の解釈などについて真摯《しんし》に「指導をいただく」気持ちで迎えましょう。

教えて！
ケアコ先生

準備① 集団指導に出席

法改正後の説明会には

例えば、法改正の後に「説明会をしますから集まってください」などと事業所に通知がくることがあります。参加したことがありますか？　また、参加した人は、どのようなことを意識すべきか、知っていますか？

そういう通知が届いたことは、確かにありました……

↙そもそも、具体的に何を説明してくれる会？

どうしよう…
参加します？
集団指導
う〜ん…

これは集団指導の通知なのです

答えは↗

答　積極的に参加すべき！

保険者や国保連（国民保険団体連合会）の集団指導に出席して、積極的に有益な情報を入手しましょう！

詳しく解説すると…

なるほど解説

情報を積極的に入手

平成 18 年以降は、指導は２つに分けられました。実地指導と、その前に行なわれる集団指導です。法改正後の説明会などは、保険者が開催する「集団指導」に当たります。実地指導は「**集団指導で伝えたことはわかっているはずですね**」という姿勢できます。集団指導には必ず出席するようにしましょう。事業所からだれも出ないという事態が起きないように気をつけます。集団指導に出たら、「実地指導ファイル」のような職員が情報を共有できるファイルを作り、いざ「実地指導がくる！」というときに、すぐに対応できるように備えましょう。

教えて！ケアコ先生

準備② 自己点検シート

書き方とポイントは？

実地指導の際、「自己点検シート」という書類での確認がなされ、そこで何か怪しいことがあると実際に指導担当者がやって来る、ということがあります。
自己点検シートの書き方とポイントを知っていますか？

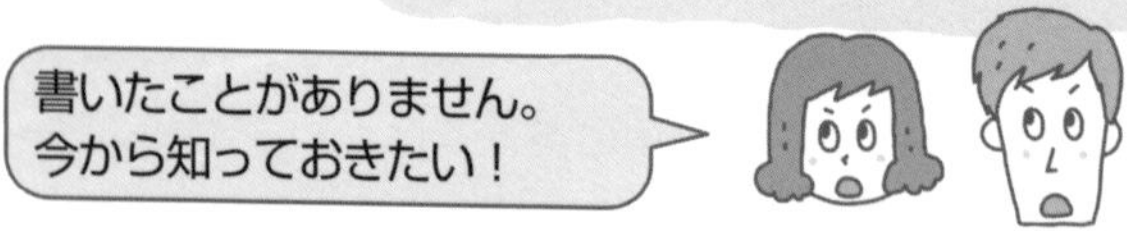
書いたことがありません。
今から知っておきたい！

↙ いざ書くときのために！

自己点検シート

まず自己点検をしっかりと！

答えは ↗

答　日ごろからの自己点検が大切

本書第４章のチェックリスト（P.102～127）も使って、日ごろから自己点検をしておくことが大切です。

詳しく解説すると…

なるほど解説

最新版をダウンロード

チェックリストは国から、自己点検シートは都道府県から出ています。

それぞれホームページにアクセスして、**必ず「最新版」をダウンロードしましょう（※随時、修正されるため）。**

（例）国＝「介護保険最新情報 vol.296、vol.306」

→『別冊』

→『各種加算・減算適用要件一覧表』

→『各種加算・自己点検シート』

→「関係法令等」

教えて！ケアコ先生

準備③ 指定基準をとにかく読む

なぜ読む必要がある？

指定基準や条例を読んだことはありますか？　読むときには、どんなことに注意するべきでしょうか。特にケアマネジャー自身の責任が書かれているのは、どの部分か知っていますか？

忙しいし、難しい法律用語は正直、苦手……

↙ 難解なイメージがあっても

ケアマネジャーの責任として！

答えは ↗

答　責任のついて書いてあるから

運営基準の指定基準にあるケアマネジャーの責任を守らないと、ケアマネジャーが責任を問われます。

詳しく解説すると…

なるほど解説

条文の「主語」が責任者

運営基準が書いてある指定基準には、それぞれの項目がだれの責任で管理すべきかが書かれてあります。もちろん、ケアマネジャーの責任にも触れています。これを守らないと、ケアマネジャーが責任を問われます。指定基準を読んでいると、主語は次のように変化します。

- **指定居宅介護支援事業者**
- **管理者**
- **介護支援専門員**

「介護支援専門員」が主語として登場するのは、運営基準第 13 条。ここだけは、必ず読んでおきましょう。

※保険者の条例も押さえておきましょう！

書類保管の期間

知っている？ 実践している？

記録をはじめ、実施した介護に関連する書類の保管期間を、正確に知っていますか？
また、実践できていますか？

保管する期間って、
どのくらいだったっけ……

↙ 乱雑に詰め込んでいるだけ……

正確な数字を押さえましょう！

答えは ↗

答　介護保険法と条例に明記

介護保険法では２年。
最近では、保険者によって５年間を保管する旨の条例が出てきています。

詳しく解説すると…

なるほど解説

該当する保険者は２年？ ５年？

関係書類の保管期間は、介護保険法では２年間。ただし、気をつけねばならないのは、保険者によっては「5年間、保管するように」という条例が出てきていることです。つまり、「介護保険法上は２年間だが、実地指導の対象は５年間さかのぼる」とも考えられます。

自分が該当する年数がわからなかったり、あいまいだったりする場合は、**きちんと保険者に確認を取る**ようにしましょう。

教えて！ケアコ先生

見られやすいケース

？ 見られやすいケースとは？

実地指導では、どんなケースが抽出されやすいと思いますか？

これまでは、どんなものがあったんだろう？

↙ 乱雑に詰め込んでいるだけ……

過去を押さえましょう！

答えは ↗

答　過去の傾向を押さえる！

全ケースのファイルをすべて事前チェックするのは大変。過去の傾向を押さえておきましょう。

詳しく解説すると…

なるほど解説

抽出されやすい５つのケース

日常業務をしながら、限られた時間の中で膨大な書類を見直すのは、それだけで気分が沈んでしまいますね。過去の傾向を実地指導マニュアルから抽出されやすいと推察されるケースは、次のようなものです。押さえておき、実際の実地指導のために生かしましょう。

①居宅の加算を算定しているケース

② ①の加算でも額が大きいものから

③同じ法人にサービスを連動しているケース

④苦情を受けたケース

⑤施設入所したケース

自立支援型の介護

自立支援型の介護とは？

これからは「自立支援型の介護」が大切だといわれます。
あなたは、「自立支援型の介護」がどのようなものか、説明できますか？

なんとなくイメージはわかりますが、説明できません……

↙「自立」を「支援する」って？

これからの介護を実践！

答えは↗

答　その人らしい生活を実現させる

日常の生活が本人の意志で決定され、その人らしく生き抜く支援をすること。体、心、社会とのバランスが大事。

詳しく解説すると…

なるほど解説

至れり尽くせりの介護はダメ

これからは、ご利用者の要介護度を軽快させる事業者が行政に認められるひとつの要素になるかもしれません。そのため、従来型の至れり尽くせりの介護ではなく、ご利用者の自立を支援し、よりよく生活できる介護をしていく必要があります。実地指導というのは、行政と事業者がお互いに理解し合う場。自立支援をする専門的な知識は専門職のほうにありますが、法令を読み解く力は行政のほうにあります。専門職は、**これからの介護と制度を学ぶため、積極的に質問していったらよい**でしょう。逆に、「実務上はこんなことがある」と伝えるのが、理想の実地指導像です。

教えて！ケアコ先生

書類はため込まない

書類をため込むと……

ケアマネジャーの仕事は毎日、本当に多忙で、動けば動くほど記録に残す事柄も増えます。しかし、記録はため込むと取り返しがつかない事態に……。そうなって気持ちが沈んだことはありませんか？

書類がたまると気分が憂鬱になります

↙毎日、忙しいのに……

デメリットはまだあります

答えは↗

答　間違いが増える

ため込み、後付けで作った書類は間違いが増えます。第三者から見ると、それがよくわかります。

詳しく解説すると…

なるほど解説

日付と項目だけでも記録する

忙しい業務の中から、記録の時間をどう作り出すかは、仕事の工夫次第です。

利用者宅の訪問と訪問の間のほんの５～６分を、お茶を飲んでほっとするのではなく、パソコンを開いて**訪問したばかりの利用者の支援経過に日付と項目だけでも入力しておく**のも手です。

こうするだけで、後で何があったかがわかりやすく、記録の際に内容を飛ばさず追記しやすくなります。

まとめ ～これだけは押さえて～

とても勉強になりました。実地指導を必要以上に怖がらず、前向きにとらえられるようになったと思います

そうですか。よかったです。では最後に、これだけは押さえておくべきことを教えますね

実地指導に向けてのポイント

①ケアマネジメントプロセスを正しく覚え、文書にしてみましょう（※プロセスが前後しない、整合性があるように）

②加算・減算の要件を一覧にして、正しく覚えましょう

③書類整備や算定に関する保険者ルールを日ごろから収集しましょう（※保険者研修、地域連絡会　など）

④虐待防止法の疑いがある場合には、適切な対応が取れていること（三原則、保険者への連絡、担当者会議）

⑤できる限り、その日のことはその日のうちに！
（手書きでもいい！　きれいでなくていい！）

そして、もうひとつ大切なことがあります。
それは、**指定基準をしっかりと読むこと**です

指定基準……ですか？

そう。**実地指導の確認ポイントは、指定基準に基づいている**のです。
自分が行なっている業務に該当する指定基準を通読しましょう。この際、用語を正しく理解して、甘い解釈をしないことが重要です。
また、第４章「チェックリストでおさらい」（P.102～127）と対照させつつ、自分の指定基準を再度確認してみてください。

わかりました。さっそくやってみます！

指導されるままではなく、実態を伝えるのが実地指導です。
ご利用者の幸せを願って、よりよい介護をしていきましょうね！

第4章

チェックリストでしっかり押さえる

＊自己チェックと責任分担を＊

●まず自己チェック

自己チェックリストで、まずは、自分の仕事ぶりをチェックしましょう。

そうすると、「こんな規定があったのか！」と、あらためて知る項目も出てくるはずです。介護支援専門員の責任は、運営基準第13条です。「全部チェックするのは時間がない」という方は、第13条だけでもチェックしましょう。

●みんなで責任を分担

自分でチェックはしていても、気がつかないことや見落としていることなどがあるものです。「本当に実地指導がくる！」というときには、ほかのケアマネジャーに見てもらい、相互チェックをすると、思い込みや見落としによる書類のもれを防ぐことができるでしょう。

また、ほかのケアマネジャーの書類を見ることは勉強にもなります。何よりも、書類を自己完結…つまり自分だけの責任で追うのではなく、事業所で受けたケースですから、事業所として責任を取るというチェック体制をつくることが大切なのです。

チェックリストでおさらい

このページから127ページは、「居宅介護支援事業所等の人員及び運営に関する基準に基づくチェックリスト」を掲載します。第2章のページとすべての項目がリンクしていますので、これらを押さえるため、しっかりとおさらいをしましょう。
（※国が定める「従うべき基準」に該当する項目には、★印を付けています）

特に見ておきたい本書のページ	項　目	基　準
1　人員基準		
34、36、38ページ	管理者	第3条2
		第3条3★
34ページ	介護支援専門員の員数	第2条1・2★
	事業所の「利用者実績（●年●月分）」及び「勤務表（●年	
2　運営基準		

次のページに続く↓

※以下は、東京都福祉保健局の自己点検シートをもとに改変

	要件に基づく確認事項
	管理者は介護支援専門員ですか。
	管理者が当該事業所内で他職種を兼務している場合はその職種名を記載してください。
	管理者が他事業所で兼務している場合は、下記について別紙「回答シート」に記載してください（本書では回答シート未掲載）。
	(3) －1　兼務先事業所名・サービス種別・所在地
	(3) －2　兼務している職種名
	(3) －3　兼務事業所における1週間あたりの勤務時間数
	介護支援専門員は何名ですか。平成〇〇年〇月現在 利用者の給付管理数は何件ですか。平成〇〇年〇月分
分)」を確認します	

[特に見ておきたい本書のページ]	[項 目]	[基 準]
24、52ページ	内容及び手続の説明及び同意	第4条★
42、56ページ	提供拒否の禁止	第5条★
46ページ	サービス提供困難時の対応	第6条
52ページ	受給資格等の確認	第7条
70ページ	要介護認定の申請に係る援助	第8条3

次のページに続く→

［要件に基づく確認事項］

利用者にサービスの提供を開始する前（契約前）に、利用申込者又はその家族に、利用申込者のサービスの選択に資すると認められる重要事項を記載した文書（重要事項説明書など）を交付していますか。

上記（1）で交付して「いる」場合、具体的にどのような文書を交付していますか。交付しているものに「レ」をつけてください。
□重要事項説明書　□パンフレット　□その他（　　　　　　　　）

重要事項説明書には、下記の内容は記載されていますか。記載されているものに「レ」をつけてください。
□各事業所の苦情相談窓口　□区市町村の苦情相談窓口
□国保連の苦情相談窓口

上記（1）で交付して「いる」場合、当該文書の内容について、利用申込者又はその家族に対し説明を行っていますか。

上記（4）で説明して「いる」場合、説明内容について、利用申込者又はその家族から、どのように同意を得ていますか。当てはまるものに「レ」をつけてください。
□口頭でのみ　□署名及び押印で　□その他（　　　　　　　　）

サービスの提供を拒んだことはありますか。

上記（1）で「ある」と回答した場合のみ回答ください。
提供を拒んだ理由はなんですか。
（例：利用者宅が通常の事業の実施地域外にあったため）

自ら適切なサービス提供が困難な場合、当該利用申込者に係る居宅介護支援事業者への連絡、適当な他事業者等の紹介など必要な措置を速やかに取っていますか。

指定居宅介護支援の提供を求められた場合には、その者の被保険者証の確認を行っていますか。

指定居宅介護支援事業者は、要介護認定の更新の申請が、遅くとも当該利用者が受けている要介護認定の有効期間の満了日の30日前には

［特に見ておきたい本書のページ］	［項　目］	［基　準］
70ページ	要介護認定の申請に係る援助	第8条3
	身分を証する書類の携行	第9条
50、62、66ページ	利用料等の受領	第10条 第10条2 第25条3
		第10条3
	保険給付請求のための証明書の交付	第11条
50、62、66ページ	保険給付の請求のための証明書の交付	第11条
58、60、62、64、66ページ	指定居宅介護支援の具体的取扱方針	第13条2
		第13条3
		第25条 第25条2
		第13条4

次のページに続く↓

［要件に基づく確認事項］
行われるよう、必要な援助を行っていますか。
介護支援専門員に介護支援専門員証を携行させ、初回訪問時又は利用者等の求めに応じて提示するよう指導していますか。
利用料のほか、運営規程に定められた交通費（通常の東京の実施地域以外にある利用者宅への交通費）以外の支払いを利用者から受けていませんか。
通常の事業の実施地域外でサービスを提供し、それに要した交通費の支払いを利用者から受ける場合は、予め利用者又はその家族に説明し、同意を得ていますか。
（領収証） サービスの提供に要した費用について支払を受ける際、利用者に対し領収証を交付していますか。
上記（3）の領収証に保険給付の対象額とその他の費用を区分して記載し、その他の費用については個別の費用ごとに区分して記載していますか。
指定居宅介護支援の提供に当たっては、利用者又はその家族に対し、サービスの提供方法等について、理解しやすいように説明を行っていますか。
居宅サービス計画の作成及び変更に当たっては、利用者の自立した日常生活の支援を効果的に行うため、利用者の心身又は家族の状況等に応じ、継続的かつ計画的に指定居宅サービス等の利用が行われるようにしていますか。
支給限度額の枠があることのみをもって、特定の時期に偏って継続が困難な、また必要性に乏しい居宅サービスの利用を助長していませんか。
居宅サービス計画の作成及び変更に当たっては、利用者の日常生活全般を支援する観点から、介護給付等対象サービス以外の保健医療サービス又は福祉サービス、地域住民による自発的な活動によるサービス等の利

［特に見ておきたい本書のページ］	［項　目］	［基　準］
58、60、62、64、66ページ	指定居宅介護支援の具体的取扱方針	第13条4
		第13条5
		第13条6
		第13条7★
		第29条
		第13条8
		第13条9★
		第13条14

次のページに続く↓

［要件に基づく確認事項］
用も含めて居宅サービス計画上に位置付けるよう努めていますか。
居宅サービス計画の作成の開始に当たっては、利用者によるサービスの選択に資するよう、当該地域におけるサービス事業者等に関するサービスの内容、利用料等の情報を適正に利用者や家族に対して提供していますか。
居宅サービス計画の作成及び変更に当たっては、適切な方法により利用者が抱える問題点を明らかにし、解決すべき課題を把握していますか。
(6) に規定する、解決すべき課題の把握（アセスメント）に当たっては、利用者の居宅を訪問し、利用者と家族に面接して行っていますか。
当該アセスメントの結果について記録するとともに、当該記録をケースの終了の日から２年間保存していますか。
アセスメントの結果に基づき、居宅サービス計画の原案を作成していますか。(注) 居宅サービス計画原案とは、居宅サービス計画書の第 1. 2. 3表、サービス利用票・別票です。
サービス担当者会議の開催により、利用者の状況等に関する情報を担当者と共有するとともに、当該居宅サービス計画の原案の内容について、担当者から、専門的な見地からの意見を求めていますか。本人と家族が同席していますか。
次に掲げる場合においては、やむを得ない理由がある場合を除き、サービス担当者会議を開催していますか。
①居宅サービス計画を新規に作成した場合
②要介護認定を受けている利用者が要介護更新認定を受けた場合
③要介護認定を受けている利用者が要介護状態区分の変更の認定を受けた場合
④居宅サービス計画の変更を行う場合 ※利用者の希望による軽微な変更（サービス提供日時の変更等）を除く。

[特に見ておきたい本書のページ]	[項 目]	[基 準]
58、60、62、64、66ページ	指定居宅介護支援の具体的取扱方針	第13条14
		第29条
		第13条10★
		第13条11★
		第13条11★
		第13条12
		第13条13★
		イ
		ロ
		第13条18
		第13条19

次のページに続く↓

[要件に基づく確認事項]
(11) でやむを得ない理由によりサービス担当者会議を開催しない場合、担当者に対する照会等により意見を求めていますか。
サービス担当者会議を欠席した担当者に対しては、欠席した全ての担当者に対して、意見照会を行っていますか。
当該サービス担当者会議の要点又は当該担当者への照会内容について記録するとともに、当該記録を終了日から２年間保存していますか。
居宅サービス計画の原案に位置づけたサービス等は、保険給付の対象となるか区分して、利用者か家族に対して説明し、文書で同意を得ていますか。
居宅サービス計画を作成し、変更した際は、その居宅サービス計画を利用者に交付していますか。
居宅サービス計画を作成、変更した際には、その居宅サービス計画を全ての担当者に交付していますか。
居宅サービス計画の作成後、計画の実施状況の把握（利用者についての継続的なアセスメントを含む。）を行い、必要に応じて計画の変更、指定居宅サービス事業者等との連絡調整その他の便宜の提供を行っていますか。
実施状況の把握（モニタリング）は、特段の事情のない限り、次に定めるところにより行われていますか。
①少なくとも１か月に１回、利用者の居宅を訪問し、利用者に面接していますか。
②少なくとも１か月に１回、モニタリングの結果を記録していますか。
利用者が訪問看護、通所リハビリテーション等の医療サービスの利用を希望している場合その他必要な場合には、利用者の同意を得て主治の医師等の意見を求めていますか。
居宅サービス計画に医療サービスを位置付ける場合、その医療サービ

[特に見ておきたい本書のページ]	[項　目]	[基　準]
58、60、62、64、66 ページ	指定居宅介護支援の具体的取扱方針	第 13 条 19
		第 13 条 20
		第 13 条 21
		第 13 条 22
		第 13 条 23
		第 13 条 24
50 ページ	利用者に対する 居宅サービス計画等の書類の交付	第 15 条
46 ページ	管理者の責務	第 17 条

次のページに続く↓

スについて主治医等の指示がある場合に限りこれを行っていますか。また、医療サービス以外のサービスを位置づける場合、医学的観点からの留意事項が示されているときは尊重してこれを行っていますか。
居宅サービス計画に短期入所生活介護又は短期入所療養介護を位置付ける場合、利用日数が要介護認定の有効期間のおおむね半数を超えないようにしていますか。(利用者の心身の状況、本人、家族等の意向に照らし、上記の日数を超えた利用が特に必要と認められる場合を除きます。)
居宅サービス計画に福祉用具貸与を位置付ける場合、その計画に福祉用具貸与が必要な理由を記載していますか。また必要に応じてサービス担当者会議を開催し、継続して福祉用具貸与を利用する必要性について検証していますか。
(23) の検証をした上で、継続して福祉用具貸与を受ける必要がある場合、その理由を居宅サービス計画に記載していますか。
居宅サービス計画に特定福祉用具販売を位置付ける場合、その計画に特定福祉用具販売が必要な理由を記載していますか。
被保険者証に、認定審査会意見又は市町村による指定に係る居宅サービス若しくは地域密着型サービスの種類についての記載がある場合には利用者にその趣旨を説明し、理解を得た上で、その内容に沿って居宅サービス計画を作成していますか。
要介護認定を受けている利用者が要支援認定を受けた場合には、指定介護予防支援事業者とその利用者に関する必要な情報を提供する等の連携を図っていますか。
利用者が他の居宅介護支援事業者を希望する場合、要介護認定を受けている利用者が要支援認定を受けた場合その他利用者からの申し出があった場合には、当該利用者に対し、直近の居宅サービス計画及びその実施状況に関する書類を発行していますか。
事業所の従業者及び業務の管理は、管理者により一元的に行われていますか。

[特に見ておきたい本書のページ]	[項　目]	[基　準]
38 ページ	勤務体制の確保	第 19 条 3
40 ページ	秘密保持	第 23 条 第 23 条 3
42 ページ	居宅サービス事業者等からの利益収受の禁止	第 25 条★ 第 25 条 2 第 25 条 3
54 ページ	苦情処理	第 26 条 3

次のページに続く↓

[要件に基づく確認事項]
介護支援専門員の資質向上のために、研修の機会を確保していますか。
従業者がその退職後も正当な理由なく、業務上知り得た利用者またはその家族の秘密を漏らすことのないよう、何らかの措置を講じていますか。
(1) で「講じている」場合、どのように行っていますか。
サービス担当者会議等において利用者の個人情報を用いる場合の同意を、その利用者から文書(署名等)により得ていますか。
サービス担当者会議等で利用者の家族の個人情報を用いる場合の同意を、その利用者の家族から文書(署名等)により得ていますか。
事業者及び管理者は、居宅サービス計画の作成又は変更に関し、介護支援専門員に対して特定の居宅サービス事業者等によるサービスを位置付けるべきといった内容の指示等を行っていませんか。
事業者及び管理者は、解決すべき課題に即さない居宅サービスを居宅サービス計画に位置付けるべきといった内容の指示を行っていませんか。
介護支援専門員は、利用者に対して特定の居宅サービス事業者等によるサービスを利用すべき内容の指示等を行っていませんか。
介護支援専門員は、解決すべき課題に即さない居宅サービスを居宅サービス計画に位置付けていませんか。
事業者及び従業者は、利用者に対して特定の居宅サービス事業者によるサービスを利用させることの対償としてその居宅サービス事業者等から金品その他の財産上の利益を収受していませんか。
利用者及びその家族からの苦情を受け付けるための仕組みを設けていますか。また苦情に関する市町村・国保連等の調査に協力し、指導助言に従って必要な改善を行っていますか。
1 月あたりの苦情件数は何件ですか。

[特に見ておきたい本書のページ]	[項目]	[基準]
54ページ	苦情処理	第26条3
56ページ	事故発生時の対応	第27条 第27条2 第27条3
34、36、38、90ページ	記録の整備	第29条 第29条2

次のページに続く↓

3　変更の届出等

[特に見ておきたい本書のページ]	[項目]	[基準]
68ページ	居宅サービス事業者の名称等の変更の届出等	

苦情相談窓口を設置していますか。
苦情相談等の内容を記録・保存していますか。
苦情がサービスの質の向上を図る上で重要な情報であるとの認識に立ち、苦情の内容を踏まえて、サービスの質の向上に向けた取り組みを自ら行っていますか。
事故が発生した場合にどこに連絡を行いますか（行っていますか)。該当するものに「レ」をつけてください。 □区市町村　□利用者の家族 □居宅サービス計画に位置付けた事業所　□（　　　　　　　　　　） → 事故事例の有無：　有　・　無
事故の状況や処置について記録していますか。
賠償すべき事故が発生した場合は損害賠償を速やかに行っていますか。
損害賠償保険へ加入していますか。
(1) で事例「有」との回答の場合、再発生防止対策はどのように講じましたか。複数ある場合は、代表的なものを回答ください。 その際の記録を提示してください。
従業者、設備、備品及び会計に関する諸記録を整備していますか。
指定居宅介護支援の提供に関する記録を整備し、当該利用者の契約終了の日から２年間保存していますか。
介護保険法施行規則第 131 条で定める以下の事項に変更があったとき、施行規則で定めるところにより、10 日以内に、その旨を都道府県知事に届け出ていますか。 ①事業所の名称及び所在地

[特に見ておきたい本書のページ]	[項　目]	[基　準]
68ページ	居宅サービス事業者の名称等の変更の届出等	

4　介護給付費の算定及び取扱い

[特に見ておきたい本書のページ]	[項　目]	[基　準]
76ページ	居宅介護支援費	
76ページ	特定事業所集中減算	

次のページに続く↓

②申請者の名称及び主たる事務所の所在地並びにその代表者の氏名、生年月日、住所及び職名
③申請者の定款、寄付行為等及びその登記事項証明書又は条例等
④事業所の平面図
⑤事業所の管理者及びサービス提供責任者の氏名、生年月日、住所及び経歴
⑥運営規程
⑦当該申請に係る事業に係る居宅介護サービス費の請求に関する事項
⑧役員の氏名、生年月日及び住所

[redacted]

居宅サービス計画の第１表から第３表がすべて作成されていない場合に、居宅介護支援費を算定することはありますか。

「ある」とした場合、具体的にどのようなケースですか。

特定事業所集中減算チェックシート（居宅サービス計画に位置づけた訪問介護、通所介護及び福祉用具貸与の３つのサービスについて、紹介率※が最も高い法人によって提供された計画の割合等を記載するもの）を、半年ごとに作成していますか。

訪問介護、通所介護、福祉用具貸与のうち、紹介率※が最も高い法人の割合が、90％を超えているものがありますか。

上記（2）で「ある」と回答した場合のみ、ご回答ください。特定事業所集中減算チェックシートを、都道府県に提出していますか。

上記（2）で「ある」と回答した場合のみ、ご回答ください。減算適用期間の居宅介護支援のすべてについて、月200単位を所定単位数から減算していますか。

上記（2）で「いない」と回答した場合のみ、ご回答ください。特定事業所90％を超えていることについて「正当な理由がない」旨の通知を、都道府県から受け取っていますか。

[特に見ておきたい本書のページ]	[項　目]	[基　準]
76 ページ	運営基準減算	
26、76 ページ	初回加算	

次のページに続く↓

[要件に基づく確認事項]
居宅サービス計画の新規作成及び変更に当たり、居宅を訪問し、利用者等に面接をしていない場合に、所定単位数を算定（減算せず請求）することはありますか。
居宅サービス計画の新規作成及び変更に当たり、サービス担当者会議の開催等を行っていない場合に、所定単位数を算定（減算せず請求）することはありますか。
居宅サービス計画の新規作成及び変更に当たり、居宅サービス計画の内容を利用者又はその家族に説明し、文書により利用者の同意を得ていない場合に、所定単位数を算定（減算せず請求）することはありますか。
文書により利用者の同意を得た居宅サービス計画を、利用者及び担当者に交付していない場合に、所定単位数（100 分の 100）を算定（減算せず請求）することはありますか。
要介護更新認定を受けた場合において、サービス担当者会議等を開催していない場合に、所定単位数を算定（減算せず請求）することはありますか。
要介護状態区分の変更の認定を受けた場合において、サービス担当者会議等を開催していない場合に、所定単位数を算定（減算せず請求）することはありますか。
居宅サービス計画の実施状況の把握に当たって、少なくとも 1 か月に 1 回、利用者の居宅を訪問し、利用者等に面接を行っていない場合に、所定単位数を算定（減算せず請求）することはありますか。
居宅サービス計画の実施状況の把握に当たって、モニタリングの結果を記録していない状態が 1 か月以上継続している場合に、所定単位数を算定（減算せず請求）することはありますか。
運営基準減算に該当する月に、当該減算が適用される利用者について初回加算を算定することはありますか。

[特に見ておきたい本書のページ]	[項　目]	[基　準]
26、76ページ	認知症加算	
26、76ページ	独居高齢者加算	
26、76ページ	特定事業所加算	

次のページに続く↓

［要件に基づく確認事項］
認知症加算を算定している利用者は、医師の判定結果（主治医意見書を含む。）において、日常生活自立度がⅢ、ⅣまたはＭに該当していますか。
独居高齢者加算を算定している利用者は、介護支援専門員のアセスメントにより単身で居住していると認められていますか。
介護支援専門員は、独居高齢者加算を算定している利用者について、下記（2）（3）について記載してください。
少なくとも1か月に1回、居宅を訪問して単身で居住している旨を確認している。
（2）の結果を居宅サービス計画等に記載していますか。
特定事業所加算を算定していますか。該当するものに「レ」を付けてください。 □算定していない ⇒（2）から（13）は「非該当」と回答ください。 □特定事業所加算（Ⅰ）を算定している □特定事業所加算（Ⅱ）を算定している ⇒（4）（8）（11）は「非該当」とご回答ください。
専ら指定居宅介護支援の提供に当たる常勤の主任介護支援専門員を配置していますか。
上記（1）のほか、専ら指定居宅介護支援の提供に当たる常勤の介護支援専門員を2名以上配置していますか。
上記（1）のほか、専ら指定居宅介護支援の提供に当たる常勤の介護支援専門員を3名以上配置していますか。
利用者に関する情報又はサービス提供に当たっての留意事項に関する伝達等を目的とした会議を概ね週1回以上開催していますか。
上記（5）の会議の議事について記録を作成していますか。

[特に見ておきたい本書のページ]	[項　目]	[基　準]
26、76ページ	特定事業所加算	
26、76ページ	退院・退所加算	

次のページに続く↓

24時間連絡体制を確保し、かつ、必要に応じて利用者等の相談に対応する体制を確保していますか。
算定日が属する月の利用者の総数のうち、要介護状態区分が要介護3、要介護4及び要介護5である者の占める割合が100分の50以上ですか。
貴事業所における介護支援専門員に対し、計画的に研修を実施していますか。
地域包括支援センターから支援が困難な事例を紹介された場合においても、当該支援が困難な事例に係る者に指定居宅介護支援を提供していますか。
地域包括支援センター等が実施する事例検討会等に参加していますか。
居宅介護支援費に係る運営基準減算又は特定事業所集中減算の適用を受けていませんか。
指定居宅介護支援の提供を受けている利用者が、貴事業所の介護支援専門員1人当たり40名未満となっていますか。
退院・退所加算を算定した利用者について、当該利用者の退院等に当たって、退院等の前に（遅くとも退院等後7日以内に）、当該病院等の職員と面談を行っていましたか。
退院・退所加算を算定した利用者について、同じ月に初回加算を算定したことがありますか。
退院・退所加算を入院又は入所期間中3回算定した利用者については、3回のうち1回について、入院中の担当医等との会議（カンファレンス）に参加した上で、退院後の在宅での療養上必要な説明（診療報酬の算定方法（平成20年厚生労働省告示第59号）別表第一医科診療報酬点数表の退院時共同指導料2の注3の対象となるもの）を行っていましたか。
退院・退所加算を入院又は入所期間中3回算定した利用者については、上記（3）にかかる会議（カンファレンス）等の日時、開催場所、出

［特に見ておきたい本書のページ］	［項　目］	［基　準］
26、76ページ	退院・退所加算	
26、76ページ	入院時情報連携加算	
26、76ページ	小規模多機能型 居宅介護事業所連携加算	
26、76ページ	複合型サービス事業所連携加算	
26、76ページ	緊急時等居宅カンファレンス加算	

席者、内容の要点等について居宅サービス計画等に記録し、利用者または家族に提供した文書の写しを添付していますか。
入院時情報連携加算（Ⅱ）（100 単位）を算定した利用者について、当該利用者が病院又は診療所に入院するに当たって、利用者が入院してから遅くとも 7 日以内に、当該病院等の職員に対し利用者に係る必要な情報を提供していましたか。
入院時情報連携加算（Ⅰ）（200 単位）を算定した利用者について、当該利用者が病院又は診療所に入院するに当たって、利用者が入院してから遅くとも 7 日以内に、当該病院又は診療所を訪問した上で、当該病院等の職員に対し利用者に係る必要な情報を提供していましたか。
入院時情報連携加算（Ⅰ）と入院時連携加算（Ⅱ）を、同じ利用者に同じ月に算定したことがありますか。
小規模多機能型居宅介護事業所連携加算を算定した利用者について、当該利用者が指定小規模多機能型居宅介護の利用を開始する前に、当該利用者に係る必要な情報を、当該小規模多機能型居宅介護事業所に提供していましたか。
複合型サービス事業所連携加算を算定した利用者について、当該利用者が指定複合型サービスの利用を開始する前に、当該利用者に係る必要な情報を、当該複合型サービス事業所に提供していましたか。
緊急時等居宅カンファレンス加算を算定した利用者について、病院又は診療所の求めにより、当該病院又は診療所の医師又は看護師等とともに利用者の居宅を訪問し、カンファレンスを行い、必要に応じて、当該利用者に必要な居宅サービス又は地域密着型サービスの利用に関する調整を行っていましたか。
緊急時等居宅カンファレンス加算を算定した利用者について、1 月に 2 回を超えて当該加算を算定したことはありますか。

編著者

実地指導対策研究会（じっちしどうたいさくけんきゅうかい）

※この本は、実地指導対策研究会が実地指導の傾向を調査し、まとめたものです。詳細は「地域の自主性及び自立性を高めるための改革の推進を図るための関係法律の整備に関する法律の一部施行に伴う厚生労働省関係省令の整備に関する省令」（平成25年9月13日）をご確認ください。

安心介護ハンドブック⑬

もうこわくない！

実地指導対応虎の巻

表紙デザイン／曽我部尚之　表紙イラスト／森のくじら
編集協力・DTP／堤谷孝人
本文イラスト／森のくじら
企画編集／安藤憲志
校正／堀田浩之

2013年11月　初版発行

編著者　実地指導対策研究会

発行人　岡本　健
発行所　ひかりのくに株式会社

〒543-0001　大阪市天王寺区上本町3-2-14
郵便振替00920-2-118855　TEL06-6768-1155
〒175-0082　東京都板橋区高島平6-1-1
郵便振替00150-0-30666　TEL03-3979-3112
URL http://www.hikarinokuni.co.jp
印刷所　図書印刷株式会社

Printed in Japan

ISBN 978-4-564-43123-4
C3036　NDC369.26　128P　15×11cm